I0881565

Fifty-Five
Cinquante-cinq
Ways to
voies de
Survive
survie

Fifty-Five Ways to Survive

Cinquante-cinq voies de survie

Laurier Tiernan

DURVILE & UpRoute
Durvile.com
Calgary, Alberta, Canada

DURVILE & UpRoute

DURVILE.COM

UpRoute Imprint of Durvile Publications Ltd.
UpRoute, une marque de Durvile Publications Ltd.
Calgary, Alberta, Canada
www.durvile.com

Library and Archives Cataloging in Publications Data
Bibliothèque et Archives Canada

FIFTY-FIVE WAYS TO SURVIVE
CINQUANTE-CINQ VOIES DE SURVIE

Tiernan, Laurier: Author/Auteur

Poetry | LGBTQ+ | Canada |Bilingual

UpRoute "Every River Lit" Series. Series Editor: Lorene Shyba
Issued in print and electronic formats. Publié en formats papier et numérique.
UpRoute, Collection « Every River Lit ». Directrice de collection : Lorene Shyba
ISBN: 978-1-990735-82-0 (pbk); 978-1-990735-83-7 (e-pub) 978-1-990735-96-7 (audiobook)

Book cover Art: Iris Hauser. Illustration de couverture : Iris Hauser
L'illustration de la page 89 est inspirée de « The Birth of Hope in the Age of Anomie » d'Iris Hauser.
The illustration on page 89 is based on "The Birth of Hope in the Age of Anomie" by Iris Hauser.

Durvile Publications remercie le gouvernement du Canada, par l'entremise du Fonds du livre du Canada de Patrimoine canadien, et le gouvernement de l'Alberta, par l'entremise de l'Alberta Media Fund, pour leur soutien financier au développement et à la production de ce livre.

Durvile Publications acknowledges financial support for book development and production from the Government of Canada through Canadian Heritage, Canada Book Fund and the Government of Alberta, Alberta Media Fund.

Canada Alberta Government

Printed and bound in Canada. First printing 2025. Product of Canada.
Imprimé et relié au Canada. Première impression 2025. Produit du Canada.

We acknowledge the Traditional Land of the Treaty 7 Peoples of Southern Alberta.
The Siksika, Piikani, and Kainai of the Blackfoot Confederacy; the Dene Tsuut'ina; and the Goodstoney, Chiniki, and Bearspaw Stoney Nakoda First Nations.
We also acknowledge the Homeland of the Otipemisiwak Métis Nation of Alberta.

Durvile Publications exprime sa reconnaissance envers les peuples du Traité no 7 du sud de l'Alberta : les Siksika, Piikani et Kainai de la Confédération Niisitapi (Blackfoot); les Dene Tsuut'ina; ainsi que les Premières Nations Stoney Nakoda de Goodstoney, Chiniki et Bearspaw. Nous reconnaissons également le territoire du gouvernement Otipemisiwak Métis de la Nation métisse de l'Alberta.

Pour Jikan et Kero,
qui ont favorisé ma survie.

For Jikan and Kero,
who abetted my survival.

FIFTY-FIVE WAYS TO SURVIVE
CINQUANTE-CINQ VOIES DE SURVIE

TABLE OF CONTENTS
TABLE DES MATIÈRES

PREFACE

Born to parents barely making ends meet for themselves, my late mother always said my dreams were too expensive—oil paints, piano lessons, a guitar, and everything else I learned to silence for fear of her condemnation.

Upon their divorce when I turned ten, life felt like a pointless slog against brutal odds. Further tales of misery my mother shared from her own youth only served to kindle my burgeoning despair—from accounts of being raped by various men, to lies about my grandparents that poisoned my worldview.

Growing up like a weed through that pavement, I gradually realized that I was bisexual as well as genderqueer, years before public discourse held a word for the latter. When I came out to the school counsellor at fourteen years of age, she laughed before informing me, "That is not acceptable in society."

That same year, I was diagnosed with Marfan syndrome, a rare disease which, at the time, often claimed the lives of people before forty. Then, at nineteen, after four overdose attempts, I had a nervous breakdown and told my family doctor, "I don't see how I can go on like this." Despite big dreams of becoming a musician, a poet, an illustrator, and other types of artist, nothing seemed possible.

Continuing life itself seemed absurd. Yet, somehow, through steadfastness—and by studying the veil between the spirit world and incarnation—I ascended past mere survival to achieve most of my dreams. May this book support your journey toward the same fulfillment.

PRÉFACE

Né de parents qui parvenaient à peine à joindre les deux bouts, ma mère défunte disait toujours que mes rêves coûteraient trop cher : peinture à l'huile, leçons de piano, une guitare, etc.

Au moment du divorce de mes parents, lorsque j'avais dix ans, la vie me semblait être une lutte inutile contre des obstacles brutaux. Les histoires de misère que ma mère racontait sur sa propre jeunesse ne faisaient qu'attiser mon désespoir naissant : des récits de viols par différents hommes aux mensonges sur mes grands-parents qui empoisonnaient ma vision du monde.

En poussant comme une mauvaise herbe sur ce trottoir, j'ai également réalisé que j'étais bisexuel et genderqueer, des années avant que le discours public ne trouve un mot pour désigner ce dernier. À l'âge de quatorze ans, j'ai fait mon coming out auprès de la conseillère scolaire, qui a ri avant de m'informer que « ce n'est pas acceptable dans la société ».

La même année, on m'a diagnostiqué le syndrome de Marfan, une maladie rare qui, à l'époque, emportait souvent des personnes de moins de quarante ans. Puis, à dix-neuf ans, après quatre tentatives de surdose, j'ai fait une dépression nerveuse et j'ai dit à mon médecin généraliste : « Je ne vois pas comment je puisse continuer comme ça ».

Malgré mes grands rêves de devenir musicien, poète, illustrateur et d'autres types d'artistes, rien ne me semblait possible. Le simple fait de continuer ma vie me semblait absurde. Pourtant, d'une manière ou d'une autre, grâce à ma fermeté et à l'étude du voile entre le monde des esprits et l'incarnation, j'ai dépassé le stade de la survie pour réaliser la plupart de mes rêves. J'espère que ce livre vous aidera à atteindre les vôtres.

— Laurier Tiernan, 2025

1. RETRACER

Comme enfant
Je souhaitais suivre
Le moine nommé
Jikan mais
Dans mon immense hâte
J'ai mécompris
Toute ses cartes

J'ai failli trop
D'missions en
Gravant la tour de
La chanson et
Là mon stylo-plume
M'a incité à
Retracer mes pas

1. DOUBLE BACK

As a child I yearned to match
The monk they called Jikan but
In my burning haste
I misread all of his
Maps

Many things went wrong as
I took on The Tower of Song and
Then my fountain pen
Beckoned me to
Double back

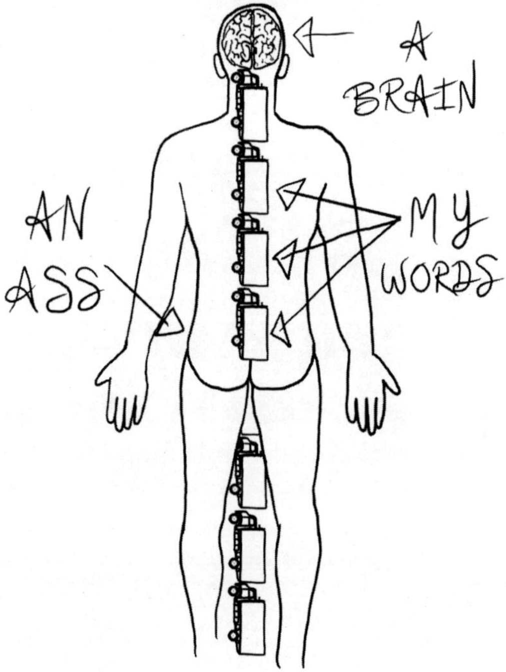

2. FESSER FORT

Chuis nul dans la course et
Dans les sauts mais
Je peux enfoncer des mots
En plein dans l'cul
Si vite qu'ils
Fessent une âme
Comme des camions

2. HIT LIKE TRUCKS

I can't run and
Cannot jump but
Can shove words
Right up an ass so
Fast they hit
A mind like
Trucks

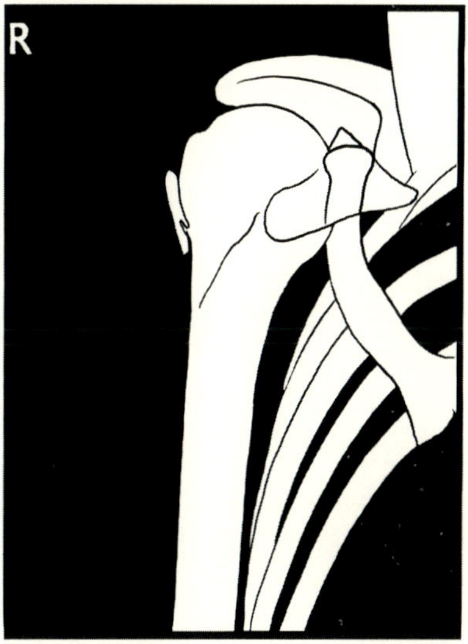

3. INDIRECT

Developing
Unhealthy
Urges to
Punch strangers in
The face
I slipped and broke
My humerus and
Indirectly
Saved my
Ass

3. INDIRECTEMENT

Développant des
Désirs malsains de
Frapper des inconnus en
Pleine face
J'ai glissé au point de me
Casser l'humérus ce qui
Indirectement
M'a sauvé le
Cul

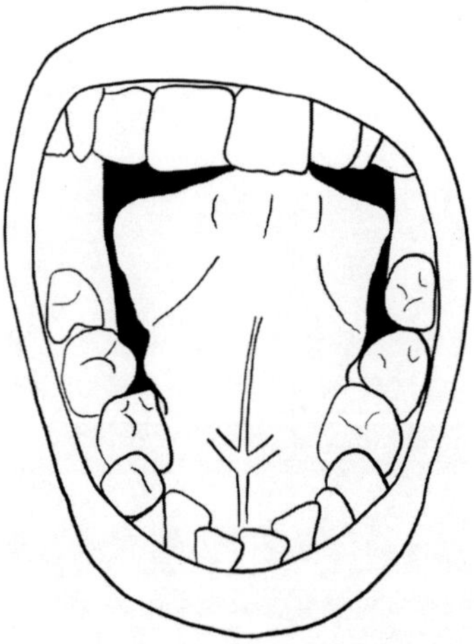

4. (SI) J'M'ARRÊTERAI

Puisque je vous dois chaque
Souffle que
Mes poumons puissent
Conjurer

Observez l'amorce
D'un cri
Sans savoir si
J'm'arrêterai

4. NEVER STOP

I owe you every breath
My two lungs may
Conjure up so

Observe as I start
Screaming and
Perchance never
Stop

5. THE UNSEEN

Darkness hanging overhead
Occurs quite strictly as routine:
Creation tests your
Will to live through
How you handle
The unseen

5. L'INVISIBLE

L'obscurité plane au-dessus d'nous
D'une façon toute routinière:
La création met à l'épreuve votre
Volonté de vivre
Suivant votre
Gestion de
L'invisible

6. MA SURVIE

Chaque nuit
Quand la noirceur
Avale toute preuve que
Nous eussions
Lumière

J'inspire afin de
Rester centré sur
La réalité de
Ma survie

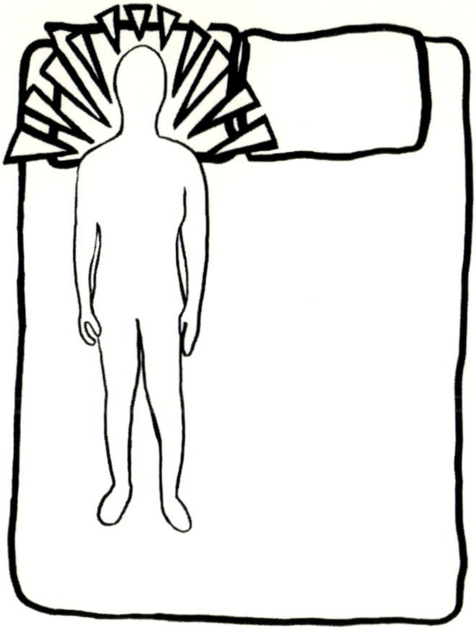

6. I SURVIVED

Every night when
Darkness swallows
Any proof that
We owned light

I inhale to
Remain centred
In the fact that
I survived

7. GAVE IT UP

I arise time and again
Since I gave up on
Giving up

7. L'ÉCHAPPÉE

Je m'relève après chaque chute
Depuis mon abandon de
L'abandon

8. NO RETURNS

A survivor of
Self-hatred
It empowers me to know
My worst enemy can't
Hurt me

8. SANS RETOUR

Survivant d'la
Haine de soi
Ça m'réconforte de savoir que
Mon pire ennemi soit impuissant
Contre moi

9. EN CAS D'INCENDIE

En cas d'incendie
Cassez toutes les fenêtres
Retirez les poutres et pissez sur
Les cendres puis
Jetez votre linge dans
Le brasier
Ainsi que votre carte d'identité :

On n'fera pas
Marche arrière

9. IN CASE OF (FIRE)

In case of fire
Break every window
Pull out support beams and
Piss on the ashes then
Toss all your clothing into
The inferno
Along with ID:

We are not going
Backward

10. SIFT ACES

Dawn feels
Sorely distant when
No clocks dare show their
Faces but
Calendars still smoulder and
From ashes
We sift
Aces

10. TAMISER

L'aube nous semble
Péniblement lointaine quand
Aucune horloge n'ose montrer son visage mais
Nos calendriers ne cessent de brûler et
Parmi les cendres nous
Tamisons des
As

11. EXCEPTIONS

Né efféminé
La bravade m'est rétive mais
En temps de guerre
La folie jaillit vite et
Les circonstances mènent
Aux exceptions pour
Que je prophétise que les enfants queer
Danseront sur les tripes des
Forces acharnées sur
L'effacement de leurs
Esprits

11. EXCEPTIONS

Born a sissy
Bravado comes hard but
Wartime squeezes
The crazy right out and
Circumstance leads me to
Make an exception and
Tell you that queer kids shall
Dance on the innards of
Forces hell-bent on
Erasing their
Spirits

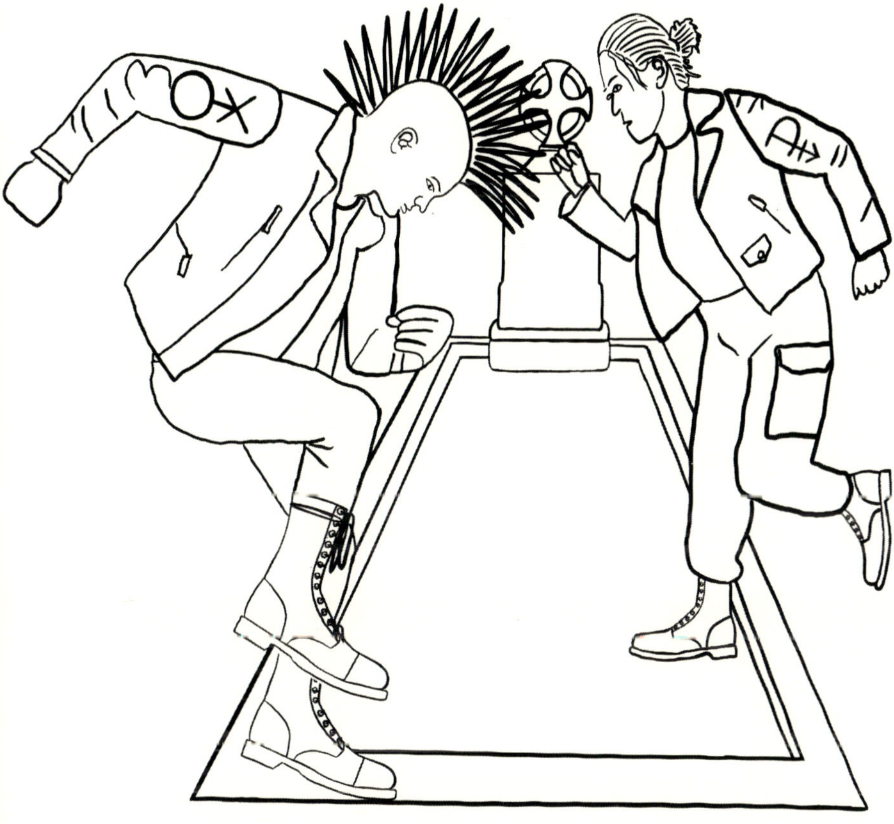

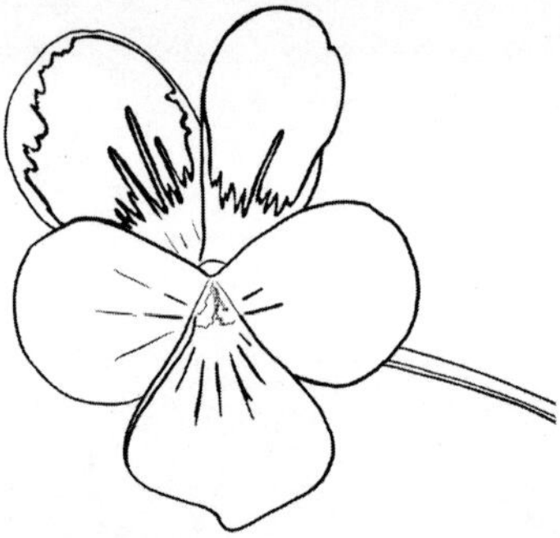

12. PANSY

I never told Mémère that her
Tall thin grandson dated men but
She bought me a floral mug
Bearing the word
"PANSY," and
As we laughed together
Her two kindly eyes
Spoke of
Deep knowing

12. PANSY*

Personne n'a dit à Mémère que son
Petit-fils si grand et mince
Sortait avec des hommes mais
Elle m'a acheté un mug fleuri
Portant le mot
« PANSY », et
Lorsque nous riions ensemble
Ses deux yeux si bienveillants
Parlaient d'un
Profond
Entendement

* En anglais, « PANSY » peut vouloir dire 01) "pensée" (comme la fleur) ainsi que 02) un homme efféminé.

13. TO THE FRAIL

Hang on past
Dogs that howl
Lights that blind and
Sirens' wails

Somewhere past Hell's
Gatekeepers lies
Land once promised to
The frail

13. AUX FRÊLES

Dépassez tous
Chiens hurlants
Lumières criardes et
Sirènes gémissantes
Au delà des gardiens de
L'enfer se trouve une
Terre promise aux
Frêles

14. TROP COUPABLE

Jette-moi un os et
Je sculpt'rai une flûte
Pour composer des hymnes de
Louanges à
Tes charmes

Sans ce role
Je m'sentirais obligé
D'endurer les tics
De mes horloges
À proximité de couteaux
Tranchants

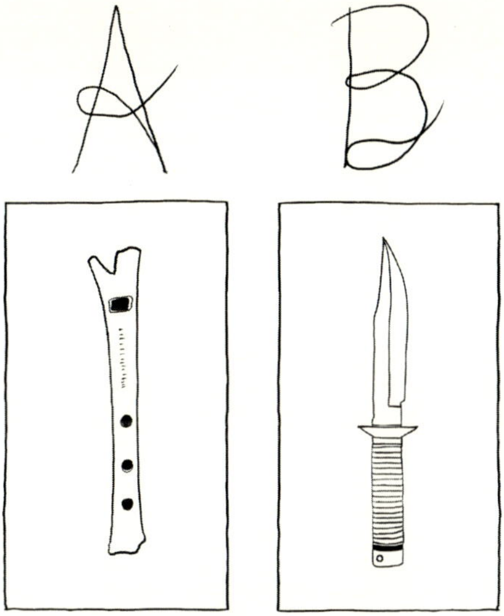

14. WITH THIS KNIFE

Throw me a bone and I'll
Carve you a flute on
Which to write hymns of
Praise for your
Beauty

Lacking this task I
Should feel forced to stand
The ticks of my clocks with
Sharp knives close
At hand

15. OPPOSING FORCES

The path I pave bears
My full weight but
Harbours no genetic seeds
Tolerates no safety nets and
Offers almost no
Reprieve

I passed a point of
No return
A bridge I burned within
My soul

Its ashes spread like
Warpaint warning off
Opposing
Forces

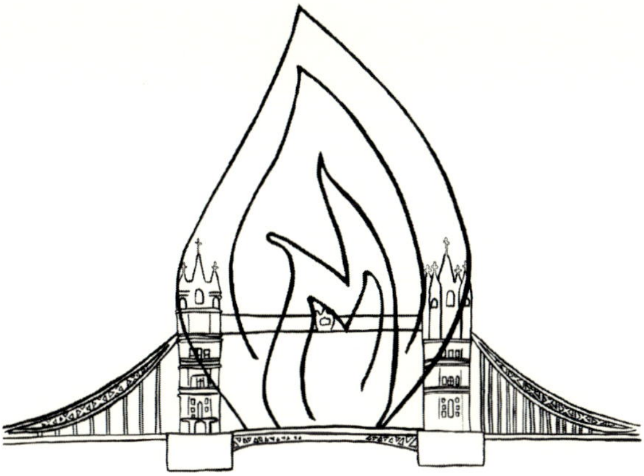

15. OPPOSÉS

Le chemin que je trace
Porte tout mon poids mais
N'abrite aucune semence génétique
N'tolère aucun filet d'sécurité et
Ne m'offre presque
Aucun sursis

J'ai franchi un point de
Non-retour
Un pont bien brûlé au fond de
Mon âme

Ses cendres s'épandent
Comme une peinture de guerre
Qui met en garde toutes
Les forces
Opposées

16. ADMISSION

Twisted shapes of
My best art
Stem from slamming up against
Gates of spaces
Granting no
Admission to
My kind

16. ADMISSION

Les formes tordues de
Mes chefs-d'oeuvre
Proviennent de chocs contre
Les portes
D'espaces n'accordant
D'admission
À mon genre

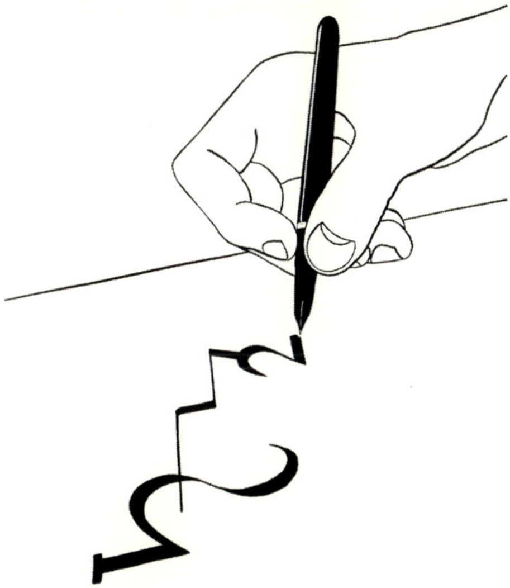

17. FORTIFY

Short of fitting
Words of warning
I prescribe
Fortification
Not of Structures men could
Conquer
But of states where
None may
Follow

Pour la version
française.

18. SILENCIEUX

Dépourvu d'instructions
Ma vie devient
Monastique

M'éveillant lorsque
Nécessaire
J'attends à mon bureau pour

Faire traîner l'encre et le métal
Sur des feuilles de papier vierges
Afin d'enseigner au monde comment
Faire taire son
Soi

18. SILENCER

Bereft of instructions
My life mimics
Monkhood

Arising when
Needed I
Wait at my desk and

Drag ink and metal
Across paper sheets to
Teach the world how they
Might silence
The self

19. JUSTIFIED

Maiming flesh of
Age-old trees to
Scar it with odd
Flecks of ink
Never quite feels
Justified but
Somehow
Justifies
My life

19. JUSTIFIÉ

Mutilant la chair d'arbres

Pour la tacher de mouchettes d'encre

Ne paraît pas

Justifiable mais

Semble

Justifier

Ma vie

20. LE SERPENT

Tu m'enseignas l'art du silence
Quand j'étais bambin
Sans préciser son stockage en mallettes pour
Protéger mon âme de
Toutes forces disgracieuses
« En restant bien tranquilles on
déjoue le serpent! »

20. OUTSMART THE SNAKE

You schooled me in
Silence when
I was a toddler
Without specifying its
Storage in cases to
Safeguard my soul from all
Unsightly forces

"Stay very still and
You outsmart the
Snake!"

zZz

21. THE SOURCE

Numerous bridges to
Spirit
Reveal themselves on
Nebulous paths

Vision shifts from
Ocular nerves to
Scholarship of
Arcane math

I claimed to be
A seeker but
Answers which
I sought

Hid somewhere
Within myself:
Planted by
The Source

21. L'ÉTERNEL

Maints ponts
Vers l'esprit
S'révèlent sur les
Chemins nébuleux

La vue passe des
Nerfs oculaires
À l'étude d'obscurs
Calculs

J'prétendais être
Un chercheur mais
Les réponses que
Je cherchais

S'cachaient que'qu'part
En moi-même :
Plantées là par
L'Éternel

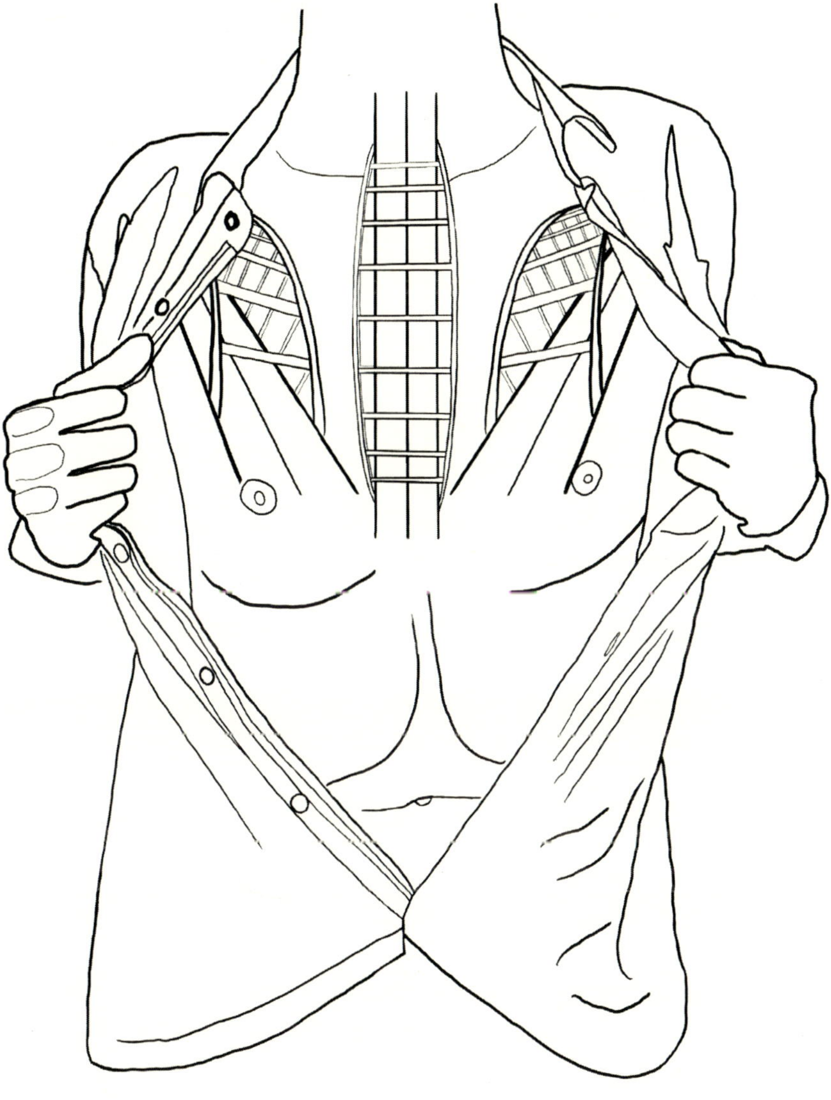

22. LETTING GO

I've come too far to turn back now
I've come too far to just give up
And when I'm feeling empty
An angel always fills my cup

Then my blood reveals a rose
On the path to fame lined with bones
And the only road to growth is
Letting go

I had to stretch myself so far
I felt my skin become so thin
But even when I felt it break
I never wanted to give in

For the few times I changed course
Were the only ones where I lost hope and
The only road to growth is
Letting go

I'm questioning all that I think I know
And paling in comparison to gold
I'm losing my resistance to the cold
But there's a feeling in my soul
When I start to lose sight of my goals
That the only road to growth
Is letting go

22. LÂCHER PRISE

Je n'peux plus faire de demi-tours
Et encore moins abandonner
Car, quand mon âme est vide
Un ange m'aide à faire le plein

Et mon sang révèle une rose
Sur un chemin d'or jalonné d'os
Et la seule voie de survie
Est d'lâcher prise

J'ai eu besoin de m'étirer
Au point que ma peau devint mince
Mais même quand elle s'est fendue
J'ai pas tenté de me soustraire

Car le fait de changer d'cible
M'a fait oublier où il faut que j'vise
Et la seule voie de survie
Est d'lâcher prise

Faut questionner tout c'que l'on croit savoir
Quand on ne vaut pas son propre poids en or
J'ai perdu toute ma résistance au froid
Mais je soupçonne dans mon esprit
Quand je perd de vue mes objectifs
Que la seule voie de survie
Est d'lâcher prise

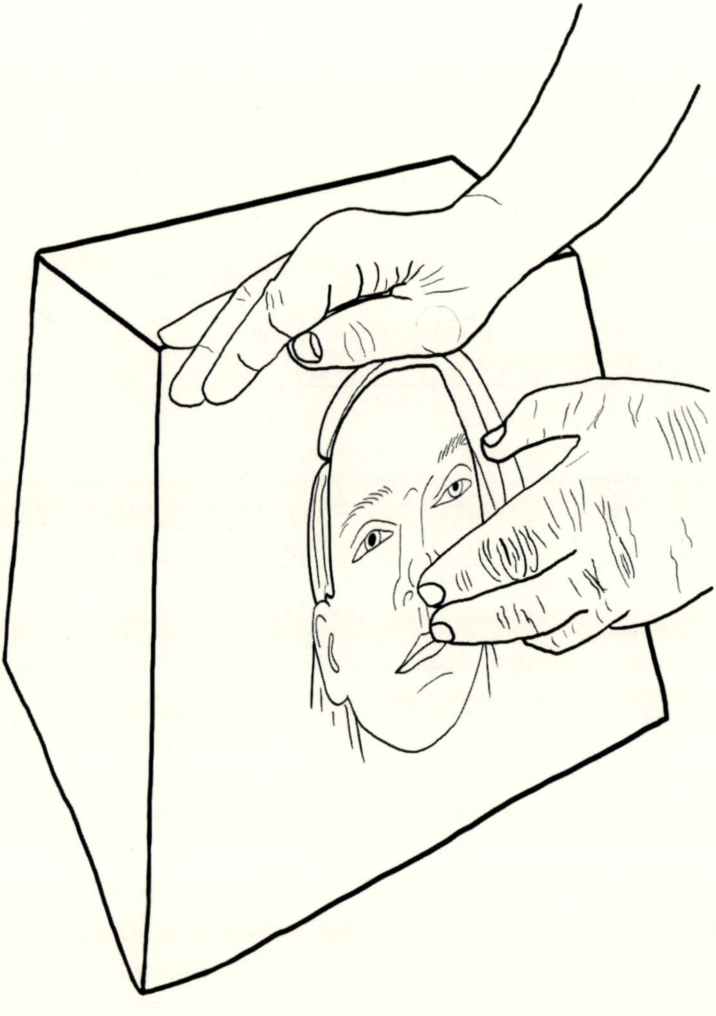

23. MA CHARGE

Une pierre angulaire attend
Les mains aimantes d'un maçon et
Le maçon attend
Les plans d'un maître d'œuvre et

Lui, le maître, peut attendre les
Instructions des
Anges, mais
Moi j'attends les carriers
Bien trop conscient de
Ma charge

23. MY STATION

A cornerstone awaits
A mason's loving hands
A mason shall await
A master builder's
Plans
The master may await
Instructions from
The Angels but
I await the quarrymen
Quite conscious of
My station

24. DIFFICILES

Nous sommes plus nombreux que d'habitude à
Choisir de quitter
Cette Terre

Certains opteront pour
Un cancer et d'autres
Que'qu'chose de
Pire et

Moi
Je fais mon impossible
Pour ne pas choisir
Un camp mais

Cette pose me semble
Trop pénible
En ces temps trop
Difficiles

24. TRYING TIMES

More of us than usual are
Opting to leave
Earth

Some will choose
A cancer and
Others something
Worse so

I am doing
My damned best
Not to choose
A side but

That position feels
Too trying
In these
Trying times

25. CETTE ODYSSÉE

Je nage dans de nouvelles eaux en
Cherchant une paix plus profonde
Je creuse de nouveaux puits d'mine pour
Explorer l'ésotérisme

J'écris par de nouveaux symboles
Priant que tu puisses lire mes glyphes et
J'forge une monnaie sur mesure
Pour survivre à
Cette odyssée

25. THIS TRIP

I'm swimming in new waters
Searching for some deeper peace
Carving out new mine shafts and
Fathoming the mysteries

I write now with new symbols
Hoping you can read my glyphs and
Forge my bespoke currency
So I might survive
This trip

26. BIEN AU LOIN	**26. DARKNESS LEFT**
Laissons-nous	Let us all now
Nous réunir	Gather in
Les disciples de	The students of
La Flamme	The Flame
Ceux qui cherchèrent	The ones who sought so
Furtivement à	Stealthily to
S'élever au d'sus	Rise beyond
Du match	The game
Présentement	The hour now
L'heure approche pour	Approaches to
Élever	Elevate our
Nos vies et	Lives and
Atteindre le monde que	Reach the world that
L'on mérite	We deserve with
Laissant toute noirceur bien	Darkness left
Au loin	Behind

27. PLOUGHS

They handed me some tools to
Carry through this journey and
Sometimes unexpectedly
A new one will
Arrive

Many other gardeners
Never seem to question
From whence their ploughs
Have reached them and
By whose grand
Design

They only seem to grumble when
Rain falls without warning or
In its prolonged absence when
All their fields
Run dry

Pour la version
française.

28. WONDER DOG

Des anges m'ont acheté
Du temps pour
Ausculter ma
Sorcellerie

Désirants voir des
Flammes produites
Sans essence ni
Silex

Wonder Dog volera un jour
Sans l'aide d'ailes
Sophistiquées

La magie dépasse
Toutes bornes grâce à
Une foi
Démesurée

28. WONDER DOG

Angels bought me
Breathing room to
Watch my
Magic tricks

Yearning to see
Flames produced
Without flint or
Gasoline

Wonder Dog shall
Fly someday
Without help from
Fancy wings

Magic soars beyond
All limits
When one wields
Boundless belief

29. ONE'S LIFE RAFT

Seek what's seen when
All thoughts
Vanish

There float pieces of
One's liferaft

29. VOTRE RADEAU

Cherchez ce qui se présente quand
Toutes pensées
Disparaissent

Là flottent des morceaux de
Votre radeau de
Sauvetage

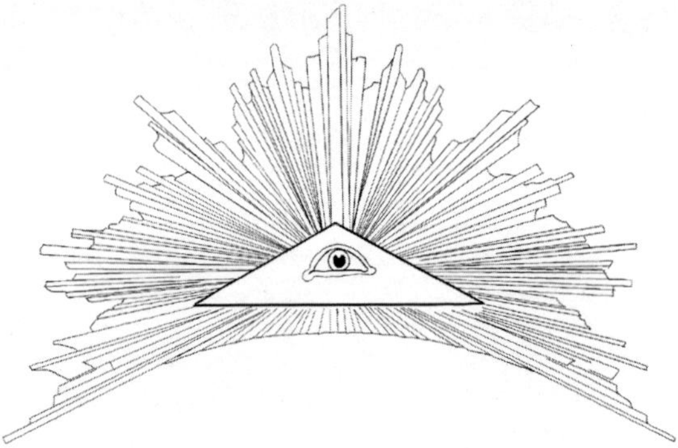

30. YOU

I crawl now from the wreckage
Constructed by myself
A stage set I erected when
I knew not I was blessed
I leave it all behind now
To start my life anew and
Glowing in the distance
All I can see is
You

You oversaw the drafting of
All the master plans and
I am told that all of this sits
Squarely in your hands and
Never for a moment
Did I doubt that this was true for
Ever since I first drew breath
I only reached for
You

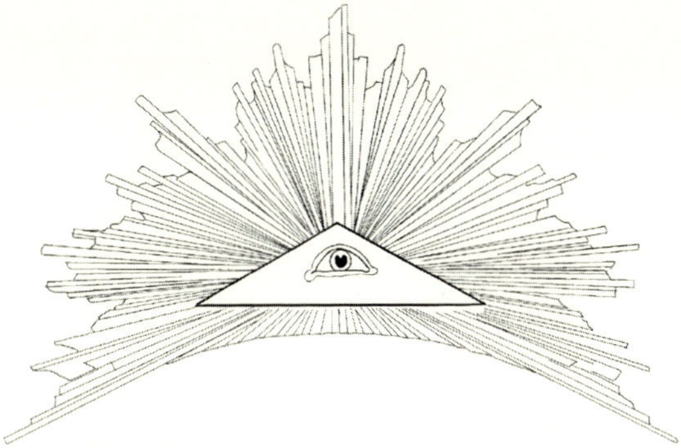

30. VOUS

Je rampe maintenant de l'épave
Construite par moi-même
Une scène que j'ai érigée
Tandis que j'ignorais mes privilèges
Je laisse tout cela derrière moi
Pour naître de nouveau
Et brillant dans le lointain
Tout ce que j'puisse voir c'est
Vous

Vous surveillâtes la rédaction de
Tous plans directeurs et
On me dit que tout cela repose
Entre vos mains et
Je n'ai point douté de
La véracité de ces propos car
Depuis mon tout premier souffle
Je n'ai cherché que
Vous

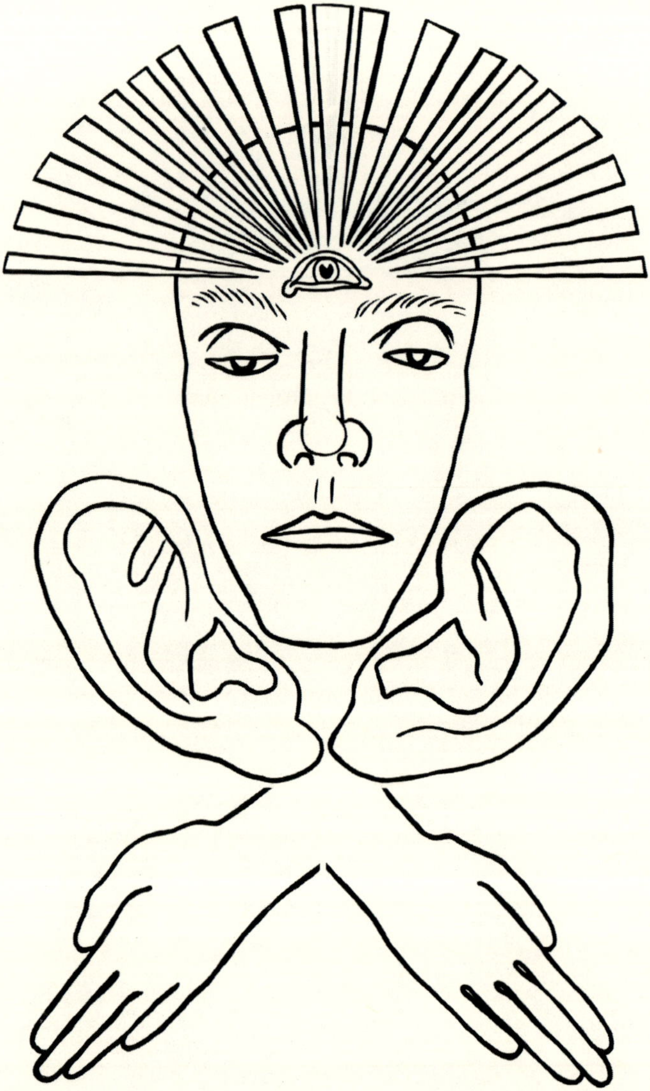

31. GIFTED

I will always
Seek to speak
With voices
Calling me
Past all matter
I can touch
With these hands
You gave to me

I will always
Strive to hear
Sounds evading
Human ears
Frequencies which
I perceive
Through these gifts
You gave to me

I will always
Yearn to serve
Those who struggle
On this Earth
Those who seem
Driven to seek
Talents which you
Gifted me

Pour la version française.

32. CIMENTÉS

Je lève le voile sur les secrets
Qu'ils ont cachés au peuple et
Sur lesquels ils ont construit
Le temple de leur empire

Je dévoile les lois
Qui nous lient tous ensemble
Puisqu'ils ont fait de leur mieux pour
S'assurer qu'on perde toute foi

J'en appelle aux anges gardiens qui
N'ont jamais sout'nu ces types
Et qui n'ont jamais cessé
De veiller sur moi

Je proclame solennellement que
Leurs jours sont comptés
Cimentés dans ce cycle comme
Le niveau des mers
Montant

32. CEMENTED

I come now for the secrets that
They hid from the people
On top of which they built
Their empire's holy house

I come now for the laws that
Bind us all together
Since they did their best to
Ensure all faith was lost

I call upon The Watchers who
Never stood behind them and
Who have never ceased to
Stand guard over me

I solemnly proclaim that
Their days are now numbered
Cemented in this cycle
Just like the rising seas

33. THIS PRESENT

This is the part where
I'm thrown in
The deep end
This is when I get
Cast from the nest

This is the part where you
Ask "Sink or swim?"
And where you put
My wings to
The test

All of my life
I never stopped
Training
You always said these
Bodies don't last

You always told me to
Train for
The future
And in this present
It has come to pass

33. CE PRÉSENT

C'est le moment où
On m'jette
Dans le gouffre
C'est là que je suis
Jeté du nid et

On me demande:
«Tu nages ou tu crèves ?»
Avant que tu mettes
Mes ailes à l'épreuve

Toute ma vie
J'ai suivi mes drills
T'as toujours dit que ces
Corps ne durent pas

Tu m'disais de
M'entraîner pour
L'avenir et
Dans ce présent
Il devint concret

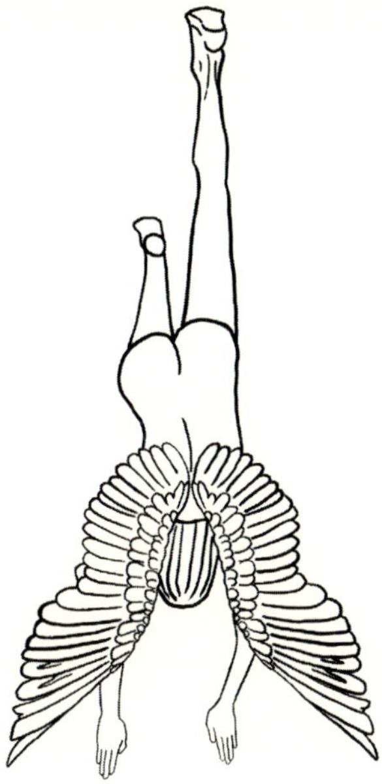

34. READINESS

It took me time to
Learn how to kneel as
One being blessed by the blade of
Your sword

It took me time to
Learn how to see
The pristine beauty of
The Word

It took long to
Learn how to breathe and
Centre myself in
Your grace but

This servant kneels
Armed to the teeth for
Any warfare
You may wage

Pour la version
française.

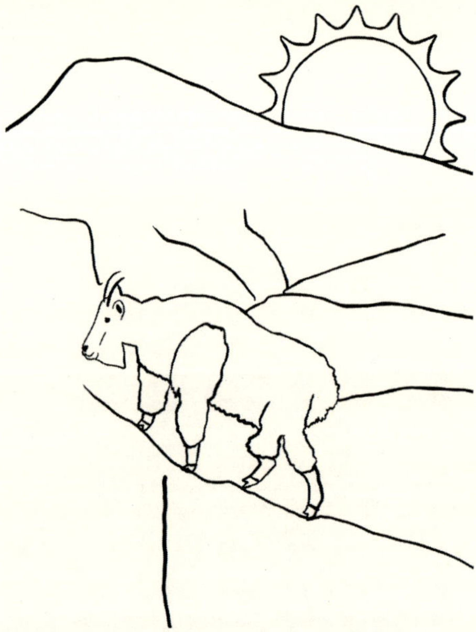

35. AS THE GOAT

Perching on the
Precipice of
Transformation
Cardinally
Qualifies you as
The GOAT

35. COMME LE GOAT

Se percher sur le
Précipice de la
Transformation
Vous qualifie
Cardinalement
Comme
Le GOAT

36. AMBITION

Je ne suis point
Homme

Je suis une
Nation

36. AMBITION

I am no
Man

I am a
Nation

37. L'ENFER EXPIRE

M'éclipsant dans l'ombre comme
Des flashbacks de
Jours meilleures
Je respire lorsqu'il le faut mais
J'cache des cartes dans mes
Chandails

Peut-être que l'histoire justifierait
Certaines représailles mais
Je reste blotti dans des
Bunkers
Attendant que l'enfer
Expire

37. HELL EXPIRES

Hiding in the shadows like
Flashbacks of
Much better eras
I take necessary
Breaths but
Save cards tucked up in
Old sweaters
Maybe history provides
Cause for justified
Reprisals but
I sit hunkered in
Bunkers
Waiting for Hell to
Expire

38. ANCIENNE CELLULE

Votre fantassin
S'présente à
L'ouvrage
Sans l'ombre d'un
Choix

Des heures perdues à
Résister
Me coûtèrent
La peau des
Fesses

Puisque tout est
Lié
Le défi crée
Un enfer
Privé et

Né au fond de cette
Route sombre
Je n'visiterai pas
Mon ancienne
Cellule

38. MY OLD CELL

Your foot soldier
Reports for
Duty
Lacking semblance of
A choice

Hours wasted in
Resistance
Cost me the most
Frightful
Prices

Since all is
Connected
Non-compliance
Crafts a private
Hell and

Born far down that
Darkened road
I shan't revisit
My old
Cell

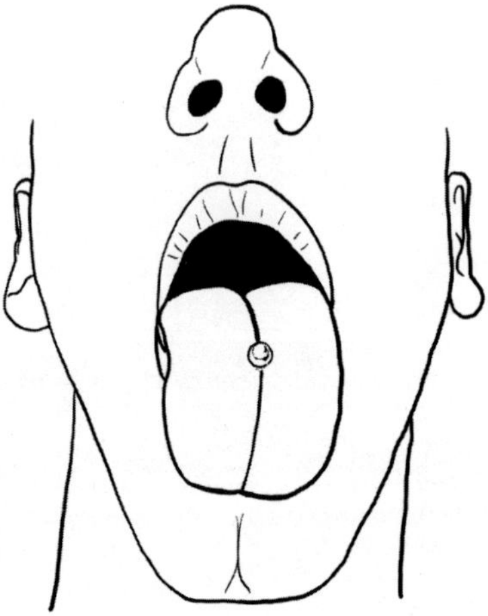

39. IT'S A GIFT

My spirit team watches me
Grapple for the answer like
A tongue ring I
Woke up with while
Sensing it's
A gift

39. C'T'UN CADEAU

Mon équipe spirituelle
M'observe lutter pour
La réponse comme
Un anneau de langue avec
Lequel je me suis réveillé en
Ressentant que
C'était un cadeau

40. CORPUS CACHÉ

Se sentir guetté
N'indique pas de
Délire
Au-delà du voile se tiennent
Une myriade d'âmes que les yeux
Ne peuvent pas observer mais
Pour tous ceux qui se tiennent prêts
La sensibilité supplante toute leur
Terreur et
Un corpus de connaissance
Succède à tous chagrins

40. HIDDEN TROVE

Feeling observed
Stems not from
Delusion
Beyond the veil stand
Myriad souls
Eyes can't observe but
For all the ready
Sentience supplants all of
Their terror and
Bodies of knowledge
Succeed all their grief

41. DID YOU SEE

Arcane knowledge like
A cloud
Only speaks to those
Who spot it

Any sign once
Far behind
Only haunts the ones
Who caught it

41. AVEZ-VOUS VU

Des connaissances arcanes
Comme des nuages
Ne parlent qu'à ceux
Qui les aperçoivent

Tout signe une fois
Loin derrière ne
Hante que ceux qui
L'ont reçu

42. THROUGH ONE EYE

When souls lose
Patience and
Sparks of friction fly
Teach me to return to
Spirit
Teach me to see through
One eye
When I'm caught inside my ego
Wrapped up tightly in its
Net
Hold me down and
Count my blessings
I will be saved by that
Spell

42. PAR UN OEIL

Quand les âmes perdent
Patience et
Les étincelles de
La discorde volent
Apprends-moi à
Retourner à l'esprit
Et à voir par
Un seul œil

Quand chuis pris dans mon égo
Enroulé dans son filet
Retiens-moi et
Compte mes bénédictions
J'serai sauvé par ce
Sortilège

43. SKYWARD

I peer skyward
Much too often to
Seek clues of what
Await us but the
Vatican Observatory
Justifies my
Motion

43. VERS LE CIEL

Je regarde vers le ciel
Bien trop souvent pour
Chercher des indices de c'qui
Nous attend mais
L'observatoire du
Vatican
Justifie mon
Mouvement

44. PRESS ONWARD

In honour of scholars who
Stamped out this route
I harbour all wanderers
Seeking a refuge

This path leads to shelter and
Shelter to love then
Love fosters knowledge of
How to press onward

44. ALLEZ DE L'AVANT

En l'honneur des érudits qui
Ont tracé cette route
J'accueille tout errant
Cherchant un refuge

Ce chemin mène à l'abri et
L'abri à l'amour, puis
L'amour mène à la découverte
De la voie à suivre

45. WHO FOUND NONE

Shifty prophets
Sell false paths and
May lead souls to
Give life
Up

Many safer
Streets to Spirit
Lie paved by those
Who found
None

45. N'EN TROUVÈRENT PAS

Plusieurs faux prophètes
Vendent de fausses routes qui
Peuvent conduire des âmes à
Abandonner la
Vie

De nombreuse voies plus sûres
Vers l'esprit
Ont été pavées par ceux
Qui n'en trouvèrent
Pas

T

46. LA BOUTEILLE D’ALCHIMIE

Au bout d’un cheminement
Le bon chemin t’attend

46. STAIRWAY

A ways away
A way awaits

47. UNE ANNÉE POUR CHANGER VOTRE VIE #3

Je sais que j'pourrais prestement
Achever ce voyage que j'ai entrepris
Une mission que j'ai choisie
Comme esprit sans forme précise

Avant qu'toutes les cellules s'assemblent pour
Édifier mon vaisseau présent puis
Qu'j'ai choisi ce défi hardi que
Je n'savais pas pouvoir
Vaincre

47. A YEAR TO CHANGE YOUR LIFE #3

I know I may soon finish
This journey I took on
A mission I signed up for as
A spirit lacking concrete form

Before all cells assembled to
Construct my current ship then
Chose this daring challenge
I knew not I could
Win

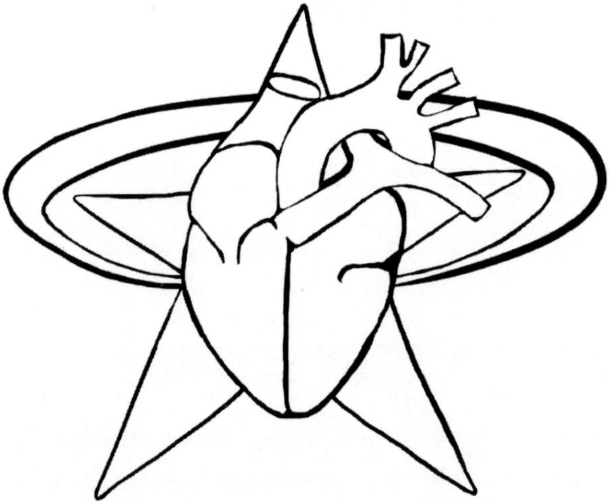

48. DIAGNOSES

Approaching finish lines which
I have long envisioned
Oftentimes
The sky goes black and
I may lose my bearings but

In those hours
The wise counsel
"Huddle deep within your
Centre."

As the seas reflect
The heavens
So your heart serves
Diagnoses

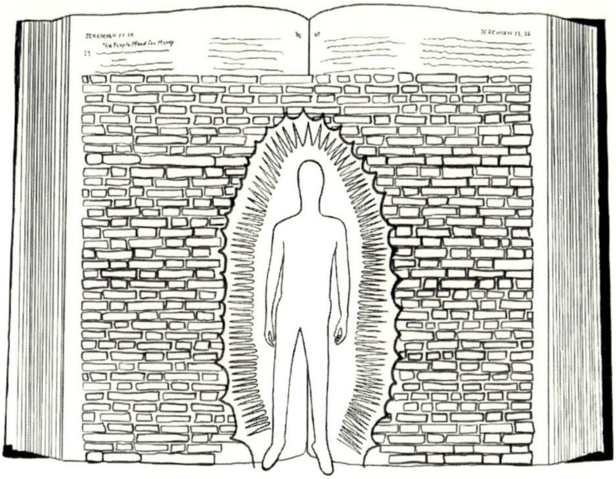

49. FOR ALL ENDS

I ceased to fear
All darkness when this
Life on Earth held but
One spark

I lost my dread of
Dying once
My heartbeat slowed and
Almost stopped

Boot camps lie within events that
One would rather not
Attend but
Whose tuition holds a strength that
Might prepare you for
All ends

Pour les versions
française.

50. NO VICTIMS

Attacks no longer
Grace my
Menu

Homeward stretches
Seek no
Victims

50. AUCUNE VICTIME

Les attaques ne
Paraissent plus sur
Mon menu

Les retours chez soi
Ne réclament
Aucune victime

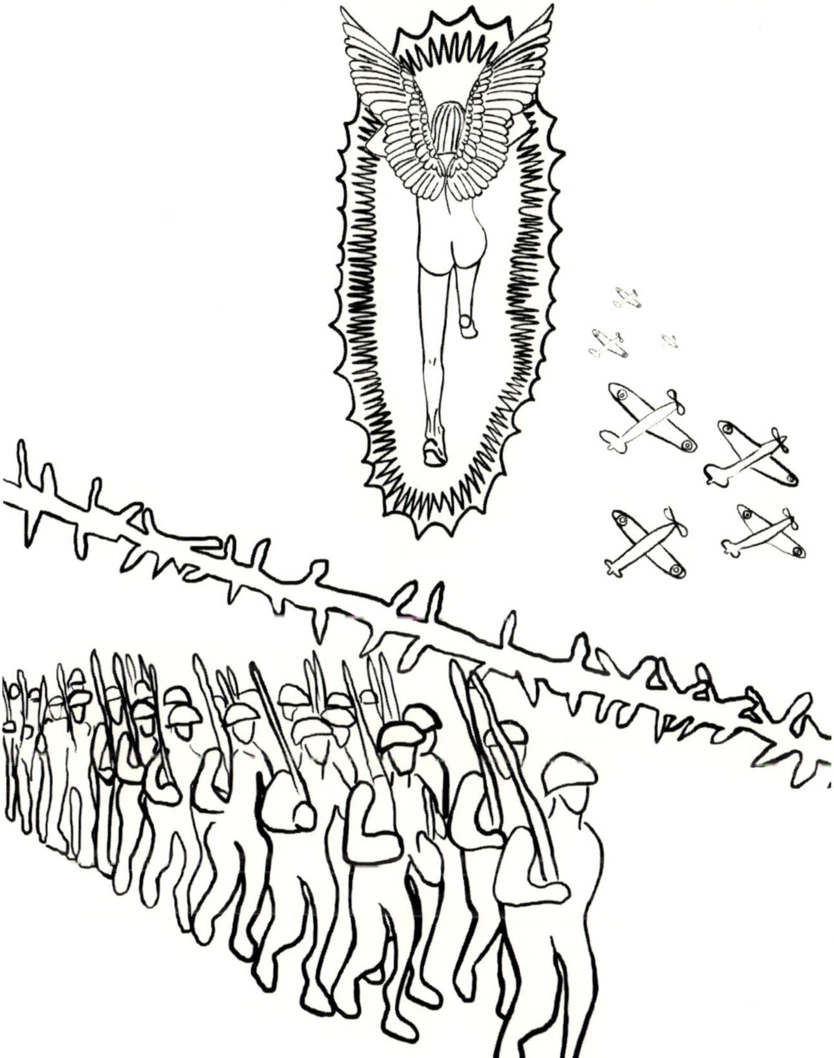

51. GRADUATE

This is the place where
I fathom the breach and
Gauge if the goal lies
Outside my reach

Here lies the step where
I test all I learned and
Walk through your fires
Without getting burned

Now strikes the hour to
Forego excuses and
Face all the crowds to
Survive every noose and

There sits the stage where
My soul graduates
Far past who I am and
Onto the next plane

51. D'UN DEGRÉ

Voici le point où
Je sonde la brèche pour
Voir si le but s'trouve hors
De ma portée

Voici l'étape où je teste
Mes études pour
Traverser vos feux
Sans même me brûler

L'heure est venue de
Renoncer aux excuses et
D'affronter toutes foules
Sans être pendus et

Voilà la scène où
Mon âme s'élève bien
Au-delà de c'que j'suis pour
Monter d'un
Degré

52. CONTINUE (À NAGER)

Parfois mon âme ne détecte
Pas de fond alors
Je n'cesse pas de
Nager

Certaines scènes bloquent
L'horizon alors
Je n'cesse pas de
Nager

Certains signes
Semblent menacer la vie
Alors je n'cesse pas de
Nager

Mon enfant
Un déluge effroyable
Approche et
Nous devrions continuer à
Nager

52. KEEP SWIMMING

At times my soul detects
No bottom so
I just keep
Swimming

Certain scenes block the
The horizon so
I just keep
Swimming

Some signs feel like
Threats to life
So I just keep
Swimming

My child a fearsome
Flood approaches and
We'd best keep
Swimming

53. LOSS MADE LIGHT

I never plunged from
Awesome heights
My humble wings failed to
Take flight but
Though shame scarred me
Countless nights
If I am cleared for
One more trial
You'll see my outline
Tracing skylines with
All souls whom
Loss made
Light

53. ALLÉGÉ

Je n'ai jamais plongé
D'hauteurs impressionnantes
Mes humbles ailes n'ont jamais
Réussi à
S'envoler et
Bien que la honte m'a
Marqué d'innombrables nuits
Si je suis autorisé pour
Une nouvelle épreuve
Vous verrez ma silhouette
Traçant l'horizon avec
Toutes les âmes que
La perte a
Allégé

54. REVERBERATE

I light the match which
Lights the wick which
Lights the lamp which
Lights the way

When you feel too
Miniscule
Know all acts
Reverberate

54. RÉPERCUSSIONS

J'allume l'allumette qui
Allume la mèche qui
Allume la lampe qui
Éclaire le chemin

Quand tu t'sens trop
Minuscule
Sais que chaque acte
S'répercute

55. TRANSMUTER

J'ai étreint les ténèbres de
Ma jeunesse jusqu'à ce
Qu'elle se dissipe

Je l'ai serrée contre ma poitrine
Jusqu'elle sanglote et
Qu'elle s'réjouisse

Ayant vécu juste assez longtemps pour
Transmuter chaque once de
Capon
Dans les jours qu'il m'reste observez-moi
Essayer c'tour avec
Du plomb

55. TRANSMUTING

I hugged the darkness of
My youth until it
Dissipated

Gripped it tightly to my breast
Until it sobbed and
Felt elated

Having lived just long enough to
Transmute each ounce of
Dread

In all my remaining days
Watch me try this trick with
Lead

REMERCIEMENTS

J'exprime ma profonde gratitude envers
Marc Carpentier, Gisèle Bouchard et
Sébastien Bourreau, ainsi qu'aux professeurs
James Farmer, Nathalie Collesson, et Denis Laplante
pour avoir soutenu sans relâche mon besoin de
vérifier la grammaire ainsi que son élasticité.

Et, de la plus grande importance, je suis
extrêmement reconnaissant à Lorene Shyba, de
Durvile & UpRoute, pour sa générosité, sa diligence
et sa gentillesse, grâce auxquelles mon premier livre
respire maintenant entre vos mains.

ACKNOWLEDGEMENTS

I extend profound gratitude to Marc Carpentier, Gisèle Bouchard, and Sébastien Bourreau, as well as to professors James Farmer, Nathalie Collesson, and Denis Laplante for steadfastly supporting my need to check grammar and its elasticity.

And, most importantly, a world of gratitude flows out to Lorene Shyba, at Durvile & UpRoute, for her generosity, her diligence, and kindness thanks to which my first book now breathes between your hands.

À PROPOS DE L'AUTEUR
ABOUT THE AUTHOR

Laurier Tiernan, poète et artiste queer pluridisciplinaire, partage son temps entre Tokyo et Edmonton. Ses écrits ont été publiés internationalement, sa musique diffusée mondialement, et son talent de voix off s'est fait diffusé dans plusieurs programmes de NHK. En 2021, Laurier a incarné Dracula dans le film Japonais «Yokai Daisenso: Guardians», et iel anime actuellement l'émission francophone «Tiernan depuis Tokyo» sur les ondes de CKRP, en Alberta.

Laurier Tiernan, a queer interdisciplinary poet and multidisciplinary artist, splits their time between Tokyo and Edmonton. Laurier's writing has been pubished internationally, their music aired worldwide, and their voiceover resumé includes NHK programs. Their handwritten poems appeared in the Penticton Art Gallery's LGBTQ+ and BIPOC exhibition. Laurier currently hosts the radio show "Tiernan depuis Tokyo" on CKRP in Alberta.

PHOTO: E.H. TIERNAN